HAL LEONARD

BATERÍA PARA NIÑOS

Una guía para principiantes con instrucciones paso a paso para batería

Para acceder al audio visita:
www.halleonard.com/mylibrary

Enter Code
7140-3606-5117-5143

Foto inferior derecha de la portada: Sayre Berman
Fotos de batería proporcionadas por Yamaha.

ISBN 978-1-70517-121-9

Visita Hal Leonard Online en
www.halleonard.com

CONFIGURANDO TU BATERÍA

Echa un vistazo a la batería de la fotografía y familiarízate con los nombres de cada una de sus partes.

Comienza configurando la batería de esta manera. Luego ajusta cada pieza para que te sea cómoda y fácil de alcanzar.

Comienza ajustando la altura de tu asiento.
Al sentarte en él, debes verte así:

Cuando te sientes en el asiento con los pies sobre los pedales del bombo y del charles (hi hat), la caja debe quedar entre tus piernas. Ajusta la altura de la caja de modo que la parte superior quede un poco más alta que tus rodillas.

Ajusta los toms y platillos para que todo esté al alcance de la siguiente manera:

CÓMO SOSTENER TUS BAQUETAS

Las baquetas vienen en muchos tamaños. Comienza probando con algunos tamaños diferentes para sentir cuál funciona mejor para ti. Elegir baquetas de buena calidad es importante para lograr un peso y equilibrio uniformes. Algunos tamaños buenos para empezar, en general, son 7a, 5a y 5b.

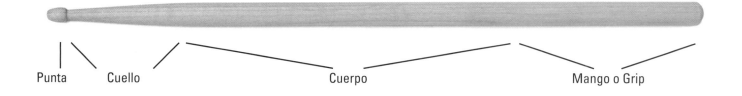

| Punta | Cuello | Cuerpo | Mango o Grip |

Empecemos aprendiendo a sujetar las baquetas desde el mango o grip. Comienza sosteniendo una baqueta en tu mano derecha con el pulgar y el índice para crear un punto de pivote como este:

Tus otros dedos deben sujetar la baqueta, envuélvela pero sin apretar. No la agarres completamente por la parte inferior, sino que deja aproximadamente unos cinco centímetros, así:

Ahora sujeta la otra baqueta de la misma manera con la mano izquierda.

CÓMO LEER MÚSICA

La música se escribe con notas y silencios. Una **nota** significa tocar; un silencio significa no tocar (o hacer una pausa).

Todas las notas y silencios se escriben en un **pentagrama**, que consiste en cinco líneas y cuatro espacios. Para los bateristas, cada línea y espacio representa un tambor o platillo diferente en la batería. Un símbolo en el lado izquierdo del pentagrama llamado **clave de percusión** o **clave neutral** indica que se trata de un pentagrama para batería. Mira a continuación para ver si puedes identificar dónde están los diferentes tambores y platillos en el pentagrama.

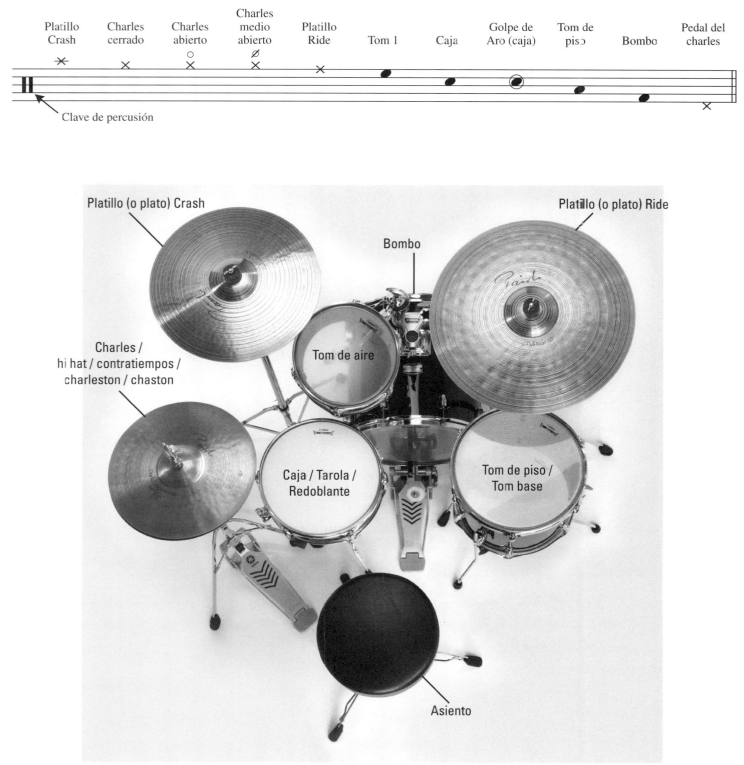

NOTAS Y SILENCIOS

Cada nota o silencio tiene un valor rítmico. Mira el diagrama de equivalencias de las notas para saber cuánto tiempo o cuántos pulsos duran:

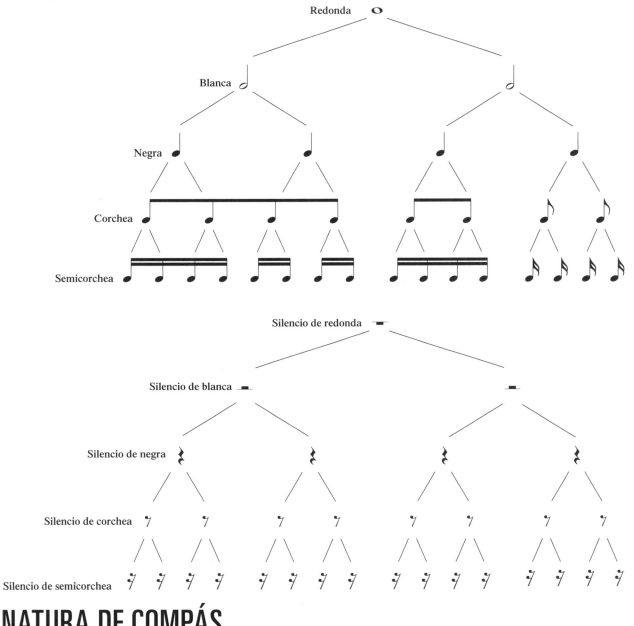

SIGNATURA DE COMPÁS

Las **barras de compás** (o líneas divisorias) en el pentagrama separan las notas en compases. Un compás es el espacio entre las barras de un compás. Una barra final de compás (doble barra, delgada y gruesa) muestra el final de una pieza musical.

Hay dos números que aparecen al principio de una pieza musical llamados **signatura de compás**. El número superior indica cuántos tiempos hay en cada compás y el número inferior indica qué tipo de nota indica un tiempo. En el compás de 4/4 (cuatro cuartos o cuatro por cuatro), hay cuatro tiempos en cada compás y la negra indica un tiempo.

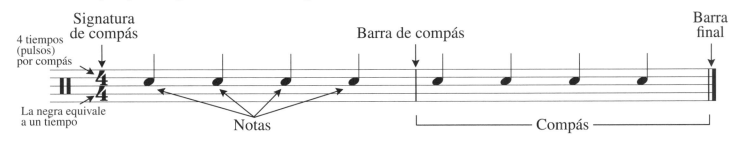

LA CAJA

Las notas de la caja se escriben en el tercer espacio contando desde la parte inferior del pentagrama.

A veces, la música de caja puede indicar con qué baqueta tocar. Una "R" (right) o "D" (derecha) arriba o debajo de las notas indica tocar con la baqueta derecha. Una "L" (left) o "I" (izquierda) indica tocar con la baqueta izquierda. Comencemos tocando notas negras en la caja. Golpea el centro de la caja con las baquetas en esta posición:

Cuenta en voz alta: "1, 2, 3, 4, 1, 2, 3, 4…" mientras tocas.

LET'S PLAY! 🔊

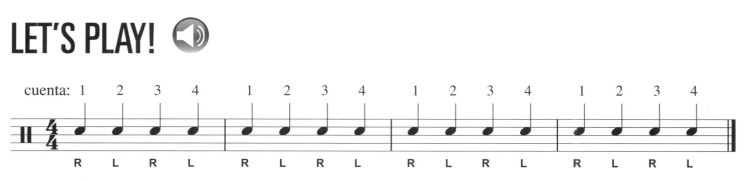

Para cada tipo de nota también existe el mismo tipo de silencio. Un silencio significa no tocar nada durante ese tiempo. Un **silencio de negra** se ve identifica: 𝄽, y vale un tiempo al igual que la negra, durante ese espacio de tiempo simplemente no hay que tocar nada.

NOTAS NEGRAS Y SILENCIOS DE NEGRAS

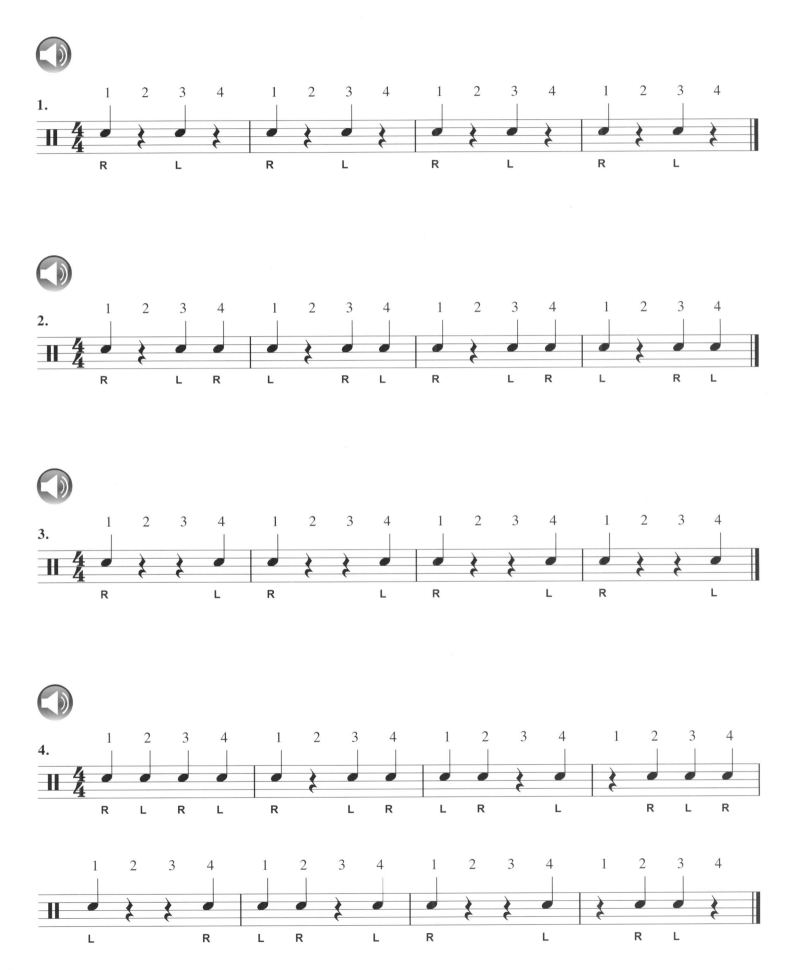

Las corcheas se parecen a las negras pero con un corchete (o gancho) añadido a la plica. Si hay dos o más corcheas, se unen con una barra en lugar de un corchete.

Las corcheas son dos veces más rápidas que las negras (dos corcheas equivalen a una negra) y se cuentan "1 y 2 y 3 y 4 y". Probemos ahora a tocar algunas corcheas.

CORCHEAS 🔊

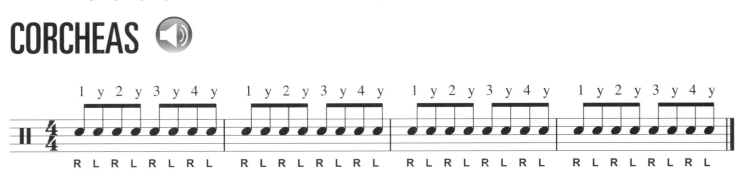

Ahora combina notas negras, corcheas y silencios de negras en los siguientes ejemplos.

NEGRAS, CORCHEAS, SILENCIOS DE NEGRAS

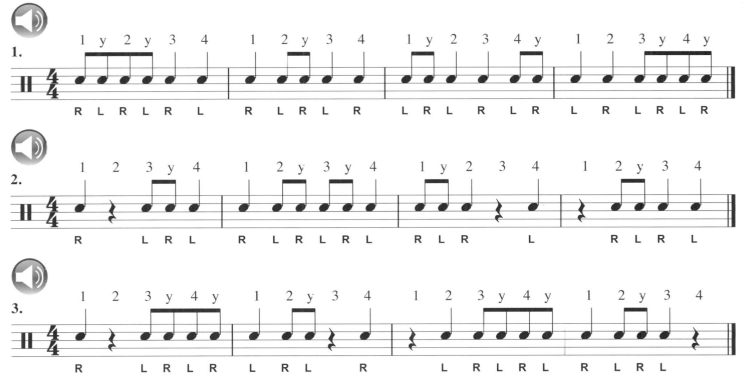

Un **silencio de corchea** se identifica así: ⁊ y vale medio tiempo, como una corchea, solo que no tocas nada durante el silencio.

SILENCIO DE CORCHEAS

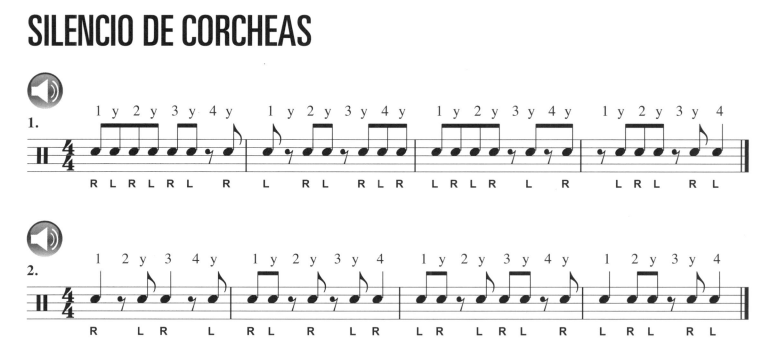

Ahora, probemos todo lo que sabes hasta ahora. Recuerda siempre: el trabajo más importante de un baterista es mantener un ritmo constante y parejo.

PONLO TODO JUNTO

EL BOMBO

El **bombo** (o **kick drum**) se toca con un pedal, con el pie derecho. Se puede tocar de dos maneras diferentes: talón hacia abajo con el pie plano presionando el pedal-o talón hacia arriba usando solo la punta del pie para presionar el pedal. Prueba ambos y decide cuál funciona mejor para ti.

Las notas del bombo están en el primer espacio del pentagrama, con la plica hacia abajo.

MI PIE DERECHO

1.

2.

Ahora combina la caja y el bombo juntos. Toca todas las notas de la caja con la baqueta izquierda. Ve despacio al principio y luego, cuando estés listo, toca a un **tempo** (velocidad) más rápida.

PURPLE HAZE

Letra y Música de
Jimi Hendrix

EL PLATILLO RIDE

El **platillo ride** es el platillo más grande ubicado en tu lado derecho cuando estás sentado detrás de la batería. Por lo general, se toca con la punta de la baqueta derecha en la superficie del platillo.

DA UN PASEO

Ahora intenta tocar esta canción con el ride, la caja y el bombo. Primero toca cada parte de batería por separado, luego júntalas todas.

THIS LAND IS YOUR LAND

Letra y Música de
Woody Guthrie

This land is your land, this land is my land from Cal - i -

for - nia to the New York is - lands; from the red - wood

for - ests to the gulf stream wat - er;

this land was made for you and me.

LOS PLATILLOS CHARLES (HI HAT)

Los **platillos Charles** se pueden usar en lugar del platillo ride. Son dos platillos sobre un soporte activados por un pedal. Utiliza el **clutch** del platillo superior para ajustar los platillos de manera que queden a una pulgada de distancia (dos centímetros y medio, más o menos).

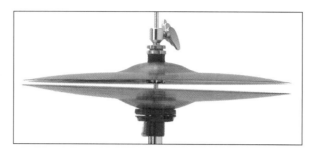

Con la baqueta derecha, golpea el charles en el borde de los platillos con el cuello de la baqueta o en la superficie superior con la punta de la baqueta. Hay varias formas de utilizar el pedal del charles:

- Mantén presionado el pedal con fuerza con el pie izquierdo para obtener un sonido cerrado.

- Mantén presionado el pedal no tan fuerte para obtener un sonido suelto y medio abierto.

- Levanta el pie izquierdo por completo para obtener un sonido abierto.

- También puedes hacer un sonido simplemente presionando el pedal para cerrar los platillos sin golpearlos en absoluto con la baqueta.

Probemos un ritmo con la baqueta derecha en el charles cerrado. Mantén presionado el pedal con fuerza para obtener un sonido cerrado.

GOLPEANDO MI CHARLES

Los signos de repetición tienen dos puntillos antes o después de una doble barra:

Ellos simplemente te indican que repitas lo que está dentro de ellos.

FREE FALLIN'

Letra y Música de Tom Petty
y Jeff Lynne

Después de aprender la parte de batería de la próxima canción, intenta cantar mientras tocas.

ANOTHER ONE BITES THE DUST

Letra y Música de
John Deacon

An - oth-er one bites the dust.

An - oth-er one bites the dust. And an -

oth-er one gone, and an-oth-er one gone. An - oth-er one bites the dust.

Hey, I'm gon-na get you too. An - oth-er one bites the dust.

LIVING AFTER MIDNIGHT

Letra y Música de Glenn Raymond Tipton,
Robert Halford y Kenneth Downing

Liv - in' af - ter mid - night,

rock - in'   to   the   dawn.

Lov - in'   till   the   morn - in',   then   I'm   gone.

I'm   gone.

Si sueltas algo de presión con el pie izquierdo sobre el pedal del charles y golpeas los platillos con la baqueta, crearás el sonido del charles medio abierto. Sabrás si lo estás haciendo correctamente si escuchas que los platillos "chisporrotean" juntos. En el pentagrama, el charles medio abierto se muestra como una "ø" por encima de cada nota regular, de esta forma:

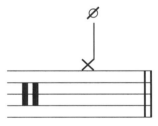

PETER GUNN 🔊

Tema musical de la Serie de Televisión
Por Henry Mancini

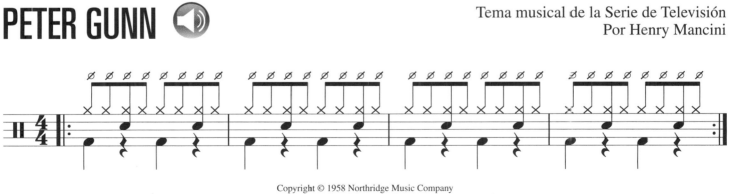

También puedes tocar el charles sin baquetas. Al pisar el pedal con el pie izquierdo, puedes hacer que los platillos se golpeen entre sí. Esto se mostrará con la plica justo debajo del pentagrama, en la misma posición que el bombo, pero con una cabeza en forma de "x".

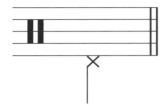

Apoya el pie en el pedal del charles hasta que necesites tocarlo. Simplemente levanta el pie y presiona el pedal hacia abajo para escuchar el sonido del pedal del charles. Mantenlo pulsado (cerrado) hasta que necesites reproducirlo de nuevo.

MI PIE IZQUIERDO 🔊

A veces, usar el charles abierto puede agregar variaciones geniales a tus ritmos. Una "o" encima de la nota del charles te indica que la toques al aire. Golpea los platillos del charles con la baqueta derecha con el sonido medio abierto, pero deja que los platillos se abran completamente con el pedal después de golpearlos. Observa que el pedal te "indica" cuándo cerrar los platillos.

CHARLES GORDO 🔊

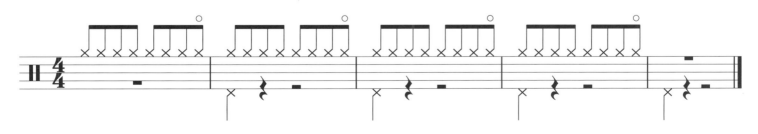

GRAN INAUGURACIÓN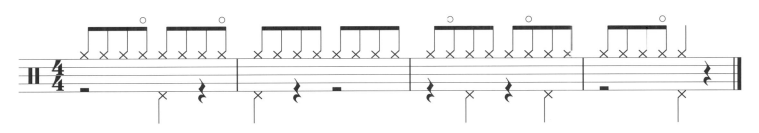

Utiliza ambos pies y ambas manos para tocar el ritmo de esta canción clásica. Resuelve cada parte por separado primero y ve despacio, con calma.

OLD TIME ROCK & ROLL

Letra y Música de Geroge Jackson
y Thomas E. Jones III

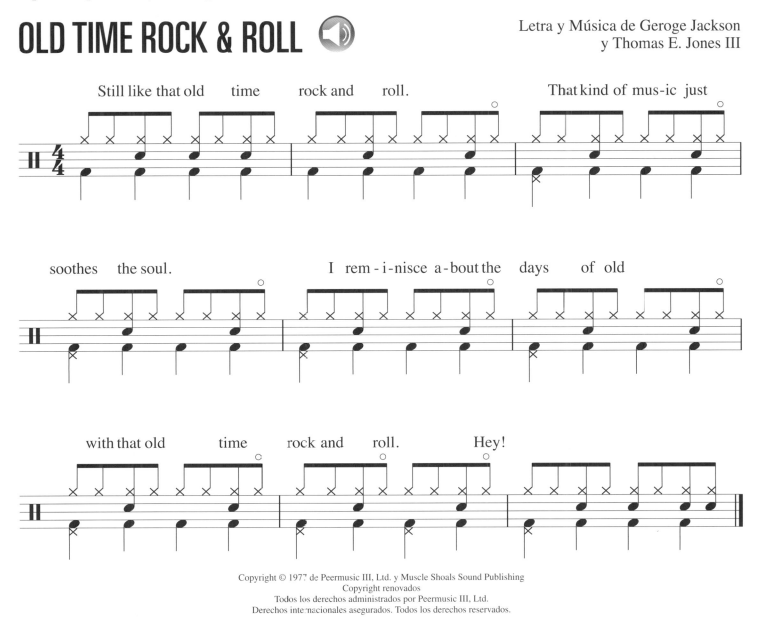

EL PLATILLO CRASH

El platillo crash se usa para acentuar cambios en la música y marcar diferentes secciones de una canción. Puedes tener un platillo crash separado, o simplemente una combinación de platillos crash y ride. Para cualquiera de los dos, golpearías el platillo en el borde con el cuello de la baqueta.

El platillo crash generalmente se golpea al mismo tiempo que el bombo o la caja. Se representa con una línea por encima del pentagrama, llamada línea adicional.

I CRASHED

APLASTAR Y "CRASHEAR"

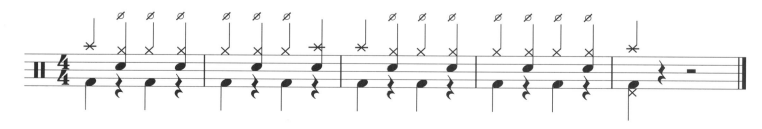

MÁS NOTAS Y SILENCIOS

Las semicorcheas se parecen a las corcheas, pero con un segundo corchete adicional en la plica.

Dos o más semicorcheas se unen con una doble barra.

Las semicorcheas son dos veces más rápidas que las corcheas (dos semicorcheas equivalen a una corchea) y se cuentan como "1, e, y, a, 2, e, y, a", y así sucesivamente. Primero conócelas con estos ejercicios de caja y cuenta en voz alta mientras tocas.

SEMICORCHEAS

Los silencios de semicorcheas tienen el mismo valor que la semicorchea, pero son mudas. Los silencios de semicorchea se identifican con un silencio de corchea encima de otro: ⅞

SILENCIOS DE SEMICORCHEA

Ahora prueba las semicorcheas en este ejemplo completo de batería.

MANO RÁPIDA

Un **puntillo** (.) extiende una nota o silencio por la mitad de su valor. Para los bateristas, las dos más comunes son la **negra con puntillo** y la **corchea con puntillo**.

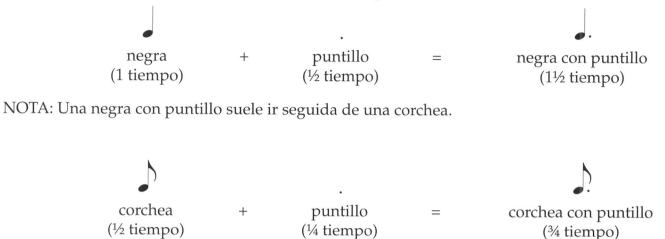

| negra (1 tiempo) | + | puntillo (½ tiempo) | = | negra con puntillo (1½ tiempo) |

NOTA: Una negra con puntillo suele ir seguida de una corchea.

| corchea (½ tiempo) | + | puntillo (¼ tiempo) | = | corchea con puntillo (¾ tiempo) |

NOTA: Una corchea con puntillo suele estar conectada a una semicorchea, así:

Escucha el audio de la siguiente canción para tener una idea del nuevo ritmo con puntillos, luego intenta reproducirla.

NEW KID IN TOWN

Letra y Música de John Souther,
Don Henley y Glenn Frey

John-ny come late - ly, the new kid in

town. Ev-'ry-bod-y loves you,

so don't let them down.

WHEN THE LEVEE BREAKS

Letra y Música de Jimmy Page, Robert Plant,
John Paul Jones, John Bonham
y Memphis Minnie

EL GOLPE DE ARO (CROSS-STICK)

El golpe de aro (cross-stick) – a veces llamado rim click o side stick – es un sonido popular usado en muchos estilos de música. Para producir el sonido de golpe de aro, gira la baqueta en tu mano izquierda para sujetarla por el cuello. Pon la baqueta a lo largo de la caja de forma cruzada (diagonal), con la punta de la baqueta en el centro de la caja y el cuerpo, más cercano al mango, en el aro. Levanta la baqueta mientras mantienes la punta en el parche de la caja y vuelve a bajar el mango para golpear el aro. Deberías escuchar un sonido tipo "clic".

En el pentagrama, un círculo alrededor de la nota de caja te indica que debes tocarla como golpe de aro.

STIR IT UP

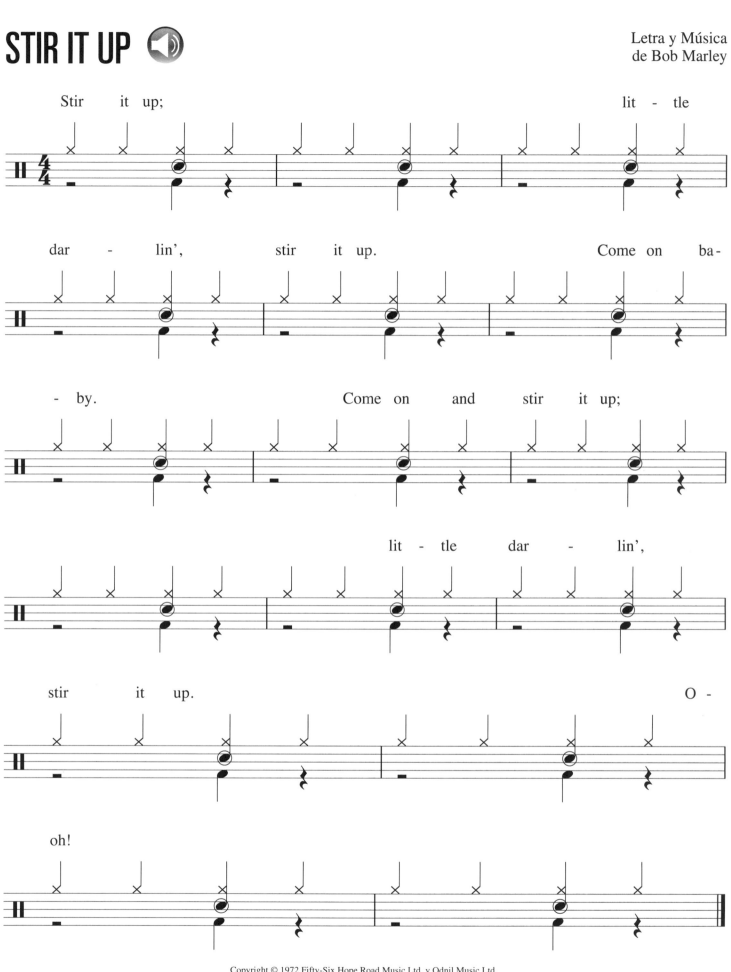

LOS TOM TOMS

Los **tom toms** (o simplemente **toms**) agregan "color" tonal a tu sonido. Son excelentes para usar en fills (rellenos). Un **fill** o relleno es una breve interrupción en el ritmo, un cambio que "rellena los espacios" de la música y/o señala el final de una frase. Es como un "mini solo". Tu batería puede tener dos o más toms. Más toms te dan más variación tonal, pero dos o tres son típicos. En este libro usaremos solo dos: agudo (tom 1) y grave (tom 2).

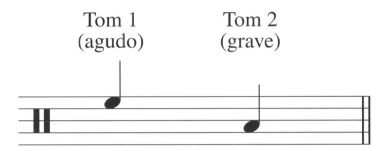

MUCHOS TAMBORES

GROOVE AND FILL

WILD THING

Letra y Música de
Chip Taylor

Wild thing   you make my heart sing.

You make ev - 'ry-thing groov - y,

wild thing.

GIMME SOME LOVIN'

Letra y Música de Steve Winwood,
Muff Winwood y Spencer Davis

CRAZY TRAIN

Letra y Música de Ozzy Osbourne,
Randy Rhoads y Bob Daisley

A veces, una canción puede comenzar con varios compases de silencio para el baterista. Una forma sencilla de mostrar múltiples compases de silencio sería así:

En este caso, significa cuatro compases de silencio, como en el comienzo de la próxima canción, "Boulevard of Broken Dreams". Lo contarías así: **1**, 2, 3, 4, **2**, 2, 3, 4, **3**, 2, 3, 4, **4**, 2, 3, 4.

BOULEVARD OF BROKEN DREAMS

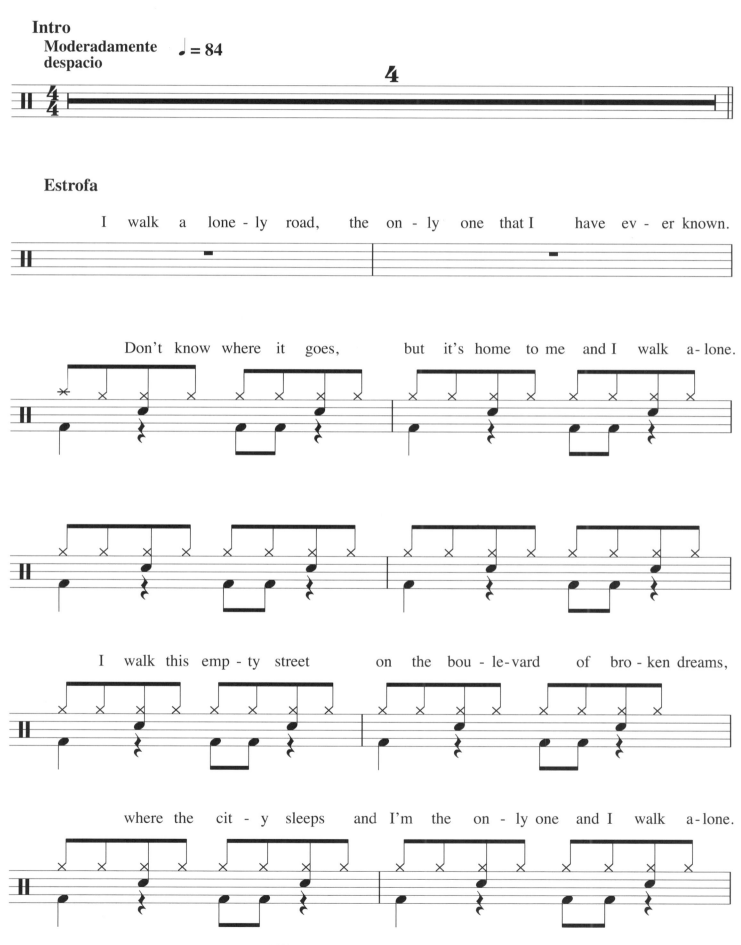

Letra de Billie Joe
Música de Green Day

Intro
Moderadamente despacio ♩ = 84

4

Estrofa

I walk a lone-ly road, the on-ly one that I have ev-er known.

Don't know where it goes, but it's home to me and I walk a-lone.

I walk this emp-ty street on the bou-le-vard of bro-ken dreams,

where the cit-y sleeps and I'm the on-ly one and I walk a-lone.

Coro

Interludio

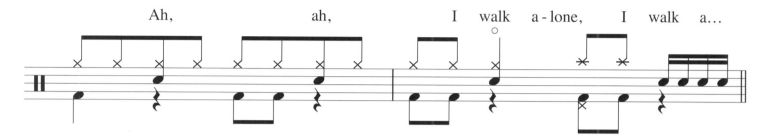

Guitarra Solo

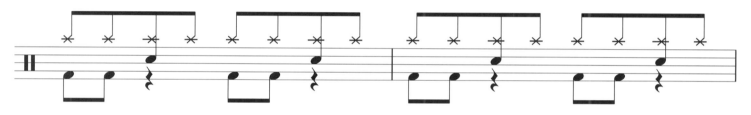

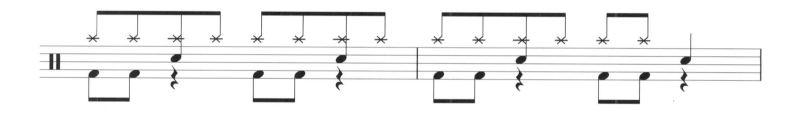

Estrofa

I walk this emp-ty street   on the bou-le-vard   of bro-ken dreams,

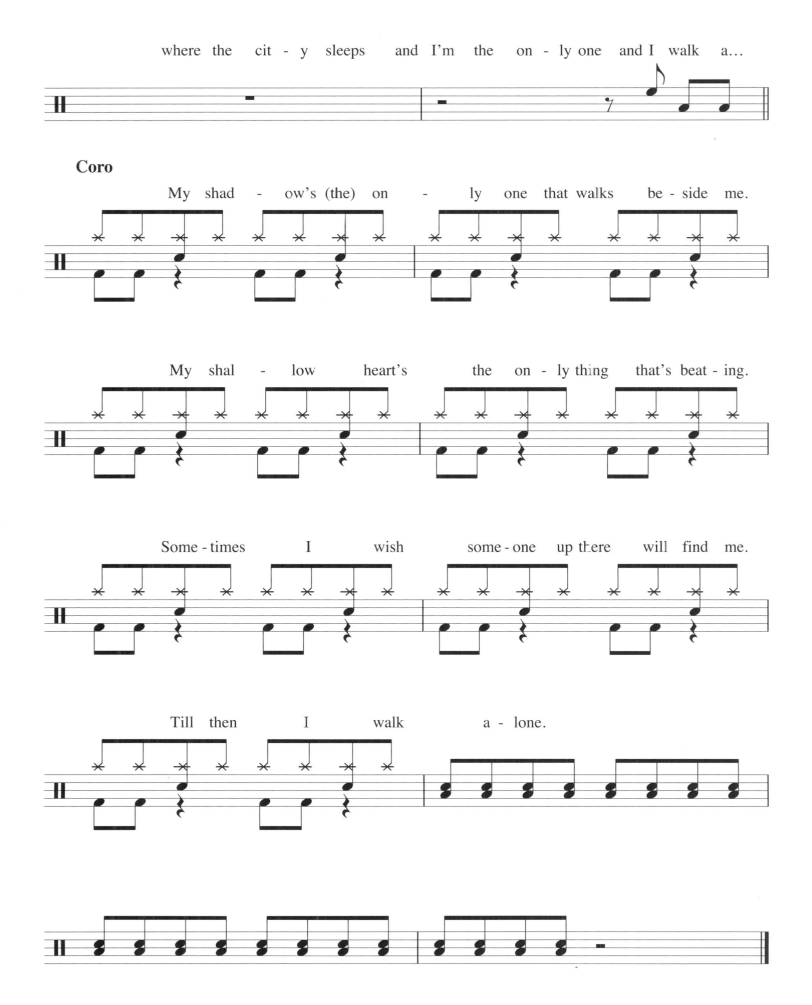

SURFIN' U.S.A.

Letra y Música de
Chuck Berry

Estrofa

Moderadamente rápido ♩ = 130

If ev-'ry-bod-y had an o - cean a - cross the U. S. A.,

then ev-'ry-bod-y'd be surf - in'

like Cal - i - forn - i - a. You'd see 'em wear-ing their bag-

- gies, Hua-ra-chi san-dals, too.

A bush-y, bush-y blonde hair - do, surf -in' U. S. A.

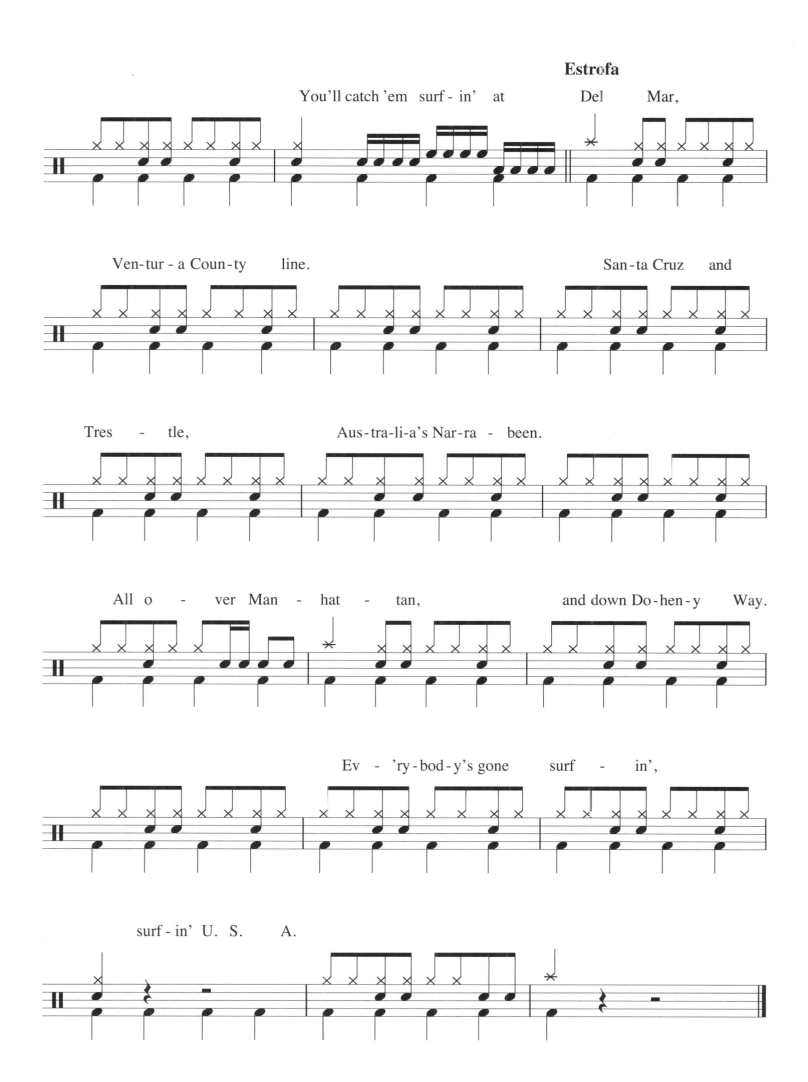

CERTIFICADO DE LOGRO

Felicitaciones a

_____
(tu nombre)

_____
(fecha)

Has completado

BATERÍA PARA NIÑOS

_____
(firma del profesor)